AF343318

# M. ALMIRE CHAPRON

PAR

L'abbé Ernest-L. DUBOIS

Vicaire à Notre-Dame de la Couture

LE MANS

IMPRIMERIE LEGUICHEUX ET C<sup>IE</sup>

15, Rue Marchande, et rue Bourgeoise, 16

—

1890

# M. ALMIRE CHAPRON

Parfait homme de bien, et surtout parfait chrétien : tel était M. Almire Chapron. Ce témoignage, unanimement rendu à sa mémoire, dit assez quelle place il occupait dans l'estime générale et quelle considération s'attache aux noms qui représentent parmi nous les traditions de foi, d'honneur et de services rendus.

Peu d'hommes mieux que M. Chapron ont donné à leurs concitoyens l'exemple d'une carrière dignement remplie dans l'accomplissement du devoir. Peu de chrétiens mieux que lui, ont su mettre au service de Dieu et des œuvres catholiques leur activité, leur dévouement et leur générosité. Pourquoi ? Parce que l'esprit de foi a toujours été l'unique principe de tous ses actes.

I

Almire-Pascal-Désiré Chapron, naquit à Montfort le 20 mars 1818. Enfant, il aime passionnément sa mère, femme de solide vertu et de grand bon sens. Élève au collège du Mans — de 1833 à 1836 — il est pieux, docile et laborieux. Bachelier, il vient à Paris pour y étudier le droit. Licencié, il prépare son doctorat et fait en même temps son stage d'avocat. La vie d'étudiant à Paris ne laisse pas d'être semée d'écueils. Combien de jeunes gens même sérieux ne les peuvent éviter. Almire Chapron était trop chrétien pour devier, fût-ce un instant, du droit chemin. Paris fut à la fois pour lui une école de haute science et d'héroïques vertus. Les conférences de Saint-Vincent-de-Paul naissaient à peine : il en est l'un des premiers membres, à Saint-Sulpice. Le Cercle Catholique du Luxembourg se fondait : il en fait partie. M. l'abbé de la Bouillerie créait aux Carmes une pieuse association de jeunes gens : il est du nombre. A N.-D. des Victoires, il se fait inscrire sur les registres de l'archiconfrérie. Auprès des indifférents et des incrédules il se fait apôtre et on le voit conduire aux séances du Cercle tel ou tel étudiant jusque là trop attaché aux leçons des Quinet et des Michelet. Autour des chaires de la Sorbonne et du Collège de France, se donnaient rendez-vous les étudiants catholiques, pour applaudir Ozanam et Lenormant. On les retrouvait au premier rang dans les ovations faites à Montalembert après ses magnifiques discours sur la liberté d'enseignement ou en faveur du *Sonderbund* (1). Rester simple spectateur de ces démonstrations ne pouvait convenir à la foi ardente du jeune Chapron : aussi, est-il partout des plus actifs, parmi cette élite de jeunes gens désireux de défendre la cause de Dieu, l'Église et leur pays.

C'était le temps ou le parti catholique était uni; l'on confondait dans une même admiration Montalembert et Louis Veuillot, et, quand ce dernier sera condamné, en 1844, à l'amende et à la prison, Almire Chapron viendra quêter dans la Sarthe en faveur du grand écrivain et du vaillant journaliste déjà persécuté (2).

(1) *Louis Veuillot, Mélanges*, t. II, p. 563.
(2) *Louis Veuillot, Mélanges*, t. I, p. 318.

Voilà l'étudiant : Pendant que tant d'autres courent les théâtres, les fêtes et les plaisirs mondains, il est assidu aux réunions du Cercle Catholique et des Conférences, il ne manque aucun des discours de Lacordaire et du P. de Ravignan : son temps se partage entre l'étude et les œuvres. Et cependant pour lui il y a mieux à faire encore : « Je suis libre du péché mortel », écrivait-il à cette époque « mais la foi ne s'est pas emparée de mon âme de manière à en inspirer toutes les pensées, tous les désirs, toutes les affections. La force, la puissance, la générosité chrétiennes n'ont point encore pris possession complète de mon intelligence, de ma raison et de mon cœur. Ce qui fait la grandeur morale du chrétien, c'est sa volonté agissant dans toute la plénitude de sa liberté sous la loi de Dieu. Il n'y a d'homme vraiment libre, que celui qui, s'étant soustrait au joug des passions fait le bien qu'il veut accomplir. La chair n'est pas morte en lui mais elle est domptée par la ferveur de l'esprit. La victoire du chrétien sur lui-même fait sa gloire et sa félicité, une paix ineffable règne dans son âme, etc. (1) » Pour Almire Chapron, Paris, on le voit, fut un Manrèze.

II

Vers la fin de 1847 nous retrouvons M. A. Chapron, clerc de notaire au Mans, secrétaire des Conférences de Saint-Vincent-de-Paul, — dont il fut l'un des treize premiers membres, — chrétien plein de foi parmi ceux qui, en petit nombre osaient alors se montrer tels en public, et plein de zèle pour toutes les œuvres. L'heure vint du mariage. Fils irréprocha-

(1) Manuscrit de M. Chapron du 26 février 1846.

ble, fidèle observateur de la loi de Dieu, il devait être époux modèle... Trois ans ne s'étaient pas écoulés que, par un de ces coups terribles de sa Providence, Dieu, en rappelant à lui Madame Chapron, séparait ici-bas ceux que son amour avait si intimement unis. L'épreuve pour être terrible n'en fut que plus méritoire.....

Une étude d'avoué se trouve vacante à Saint-Calais, M. Chapron l'achète. Il joint à cette charge les fonctions d'avocat qui le dédommagent de ce que les travaux d'avoué ont de sec et d'aride. L'on sait vite apprécier à Saint-Calais, sa science sérieuse du droit, son honnêteté allant jusqu'à la délicatesse la plus scrupuleuse, son sens droit et ferme, sa diction nette et facile et au-dessus de tout cela la foi vive du chrétien.

Aussi la ville de St-Calais l'appelle à faire partie du Conseil municipal, et ceux-là mêmes qui, quelques années plus tard, en haine de sa foi, le trouvent indigne de prendre part à la gestion des intérêts publics, lui confient volontiers leurs intérêts privés à défendre. C'était servir sa charité qui n'avait d'égale que son humilité.

« Je n'ai pas souvenir » disait-il à son fils, « d'avoir jamais rien fait dans des vues d'intérêt personnel ». Il continue donc d'être partout où il y a du bien à faire, partout où il faut payer de sa personne, son zèle est infatigable : rien ne le rebute, ni la timidité des pusillanimes, ni les tracasseries d'un monde qui ne comprend rien à la charité chrétienne, ni les attaques des indifférents et des impies. Ne savait-il pas pour l'avoir écrit que, « le véritable chrétien, sans mépriser les règles d'une conduite sage et prudente a néanmoins plus de confiance dans la providence de Dieu que dans les prévisions et les calculs de l'habileté humaine. » (1) Nature loyale et délicate il avait horreur de ce qui semblait hypocrisie ou duplicité, on l'a vu inquiet de ce que dans une circonstance embarrassante, il avait dû faire une réponse qu'il craignait être un mensonge. L'esprit de foi inspire aux grandes âmes ces délicatesses que le vulgaire a peine à comprendre. Un trait encore : Dans l'exercice de sa charge, il lui arrive d'oublier un argument nécessaire au succès d'une cause qui par là fut perdue. Persuadé en être responsable, M. Chapron remit à son client les 3,000 fr. qu'il craignait lui avoir fait perdre.

III

L'épreuve est l'initiative des grandes vertus quand elle n'en n'est pas le couronnement. La vertu de M. Chapron n'eut pas eu tout son effet si elle n'eut pas été éprouvée de nouveau, par le malheur. L'aîné de ses fils se fait religieux : « *Épreuve* » écrit le père ; sacrifice, dit le chrétien. D'un second mariage Dieu lui avait donné deux enfants : Dieu les lui reprend tous les deux. Le père gémit courbé sous l'épreuve, le chrétien reste debout résigné. Même courage, même foi lorsque pendant de longs mois il verra souffrir sans cesse la mère de leurs enfants tant pleurés...! Et c'est sur les pauvres que M. Chapron répartira désormais et le temps et l'argent qu'il consacrait au bien-être de ses enfants.

Quelque vingt ans plus tôt, à son arrivée à Saint-Calais, il avait fait partie, — s'il ne l'avait fondée — de la Conférence de Saint-Vincent-de-Paul. En 1868, en même temps qu'il seconde de tout son pouvoir les efforts de M. l'abbé F. Bresteau, vicaire à Saint-Calais, dans la fondation d'un patronage de jeunes gens, il rétablit l'ancienne Conférence, dont la présidence fut offerte à M. Luzu, alors président du Tribunal. A cette époque les pouvoirs publics, quoique peu favorables aux Conférences, n'en n'étaient pas encore à poursuivre comme un crime la pratique de la religion, et l'on pouvait exercer la charité chrétienne, sans être taxé de rébellion ou menacé de perdre sa situation.

Quelques années plus tard, comme il s'agissait d'une charge plus encore que d'un honneur, M. Chapron voulut bien accepter cette même présidence. Avec une ardeur qui ne se démentit jamais et une prudence aimant toujours à s'éclairer, il imprima à l'œuvre, un mouvement progressif. Aussi peut-on lui appliquer ce qu'il écrivait jadis lui-même de M. Le Prévost, son président de la Conférence Saint-Sulpice, à Paris : « La Conférence doit être fière d'avoir à sa tête un de ces hommes d'élite, que Jésus-Christ a marqués pour être les amis et les serviteurs dévoués des membres souffrants de son Église. Avec quelle sainte habileté notre digne président sait influer son esprit dans la Conférence. Comme il excelle à utiliser les généreux désirs que sa parole a suscités dans une jeune âme impressionnable et aimante. Nul qui, après l'avoir entendu, ne se sente incliné vers une pieuse charité. Il exhorte avec humilité et onction, il raconte avec une grâce douce et pénétrante... » (1) Tel était bien le Président des Conférences de Saint-Calais.

Dans une petite ville et surtout dans les circonstances actuelles, les éléments pour le bien sont rares, il est difficile de les coordonner... « Il y a beaucoup d'hommes encore », écrivait M. Chapron, « dont la sensibilité s'éveille de temps à autre à la vue des misères du pauvre, et qui, par circonstance, feront un acte de bienveillance. D'autres sont charitables mais avec réserve, c'est-à-dire, autant qu'aucun sacri-

(1) Manuscrit de M. Chapron, janvier 1846.

fice notable d'argent, de temps ou de peine ne leur est demandé. Où est celui qui a recueilli en son cœur l'amour du Sauveur pour le pauvre, où est celui qui veille avec une sollicitude éclairée et persévérante aux besoins matériels et spirituels des classes nécessiteuses ? » (1)

Il était celui-là… Et Dieu doit regarder avec complaisance, ces quelques chrétiens qui, avec lui d'abord, et comme lui maintenant, s'obstinent avec raison à maintenir une association qu'ils espèrent voir prospérer à nouveau, et qui leur est d'autant plus chère qu'elle peut faire plus de bien. Ils comprennent ce mot du prophète : *Sustinete Dominum.*

IV

M. Chapron avait cédé son étude d'avoué : la vie ordinaire, tranquille, facile d'un bon bourgeois honorablement retiré des affaires, était plus opposée encore à ses sentiments de chrétien qu'à sa nature ardente et généreuse. Il puisera dans sa foi l'activité d'une nouvelle jeunesse pour s'adonner à toutes les œuvres de la vie chrétienne et plus spécialement au soulagement et à la sanctification des ouvriers et des pauvres. C'est sans doute à ce dévouement pour les classes laborieuses qu'il faut attribuer chez M. Chapron certaines tendances vers des idées trop libérales : les évènements eurent tôt fait de les réduire en désillusions. Pieux, loyal et bon, il ne pouvait soupçonner le mal ni croire à l'hypocrisie. « Je me sens de la bienveillance pour tout le monde, » disait-il.

Le Cercle Catholique fut son œuvre de prédilection. En réalité il n'est et ne peut guère être à Saint-Calais

(1) Manuscrit de M. Chapron.

qu'un patronage à deux dégrés ouvert aux enfants et aux jeunes gens. Mais c'est l'avenir chrétien. « Il y a un fait, » écrivait-il, « qui frappe l'observateur chrétien et qui l'attriste profondément. L'enfant des classes ouvrières dès qu'il a atteint l'âge de l'adolescence déserte l'église. Quelle en est la cause ? Pourquoi abandonne-t-il la pratique des Sacrements ? Hélas ! par une raison trop facile à donner, c'est qu'il rejette le frein que la religion impose aux instincts de la chair, ce n'est pas le raisonnement, c'est la convoitise des sens qui lui fait rompre l'alliance avec Dieu.. Ne sera-t-il rien fait pour parer aux périls que court la jeunesse ? Il s'agit du salut des âmes rachetées au prix du sang de Jésus-Christ. Il s'agit du salut de la France menacée de périr par suite de la démoralisation universelle. Quels moyens employer pour garantir la foi des enfants du peuple et les prémunir contre les périls qui les environnent ? C'est le Cercle Catholique.. » (1)

Ce devait être là l'objet des préoccupations quotidiennes et des libéralités de M. Chapron. Il voulait avant tout former des chrétiens par la fréquentation des Sacrements et avec l'ardeur d'un apôtre il prèchait, exhortait, pressait ces enfants dont il s'était constitué comme le père et le directeur. N'était-il pas lui-même une prédication vivante ? Rien d'ailleurs ne rebutait son zèle... Le vrai foyer de ce feu toujours ardent et vivace était bien dans son âme, cet amour de Dieu et des hommes dont le nom chrétien et théologique est *charité*. Si la charité l'animait, l'esprit de foi le guidait. C'était là le grand ressort de son activité généreuse, le nerf de son zèle si désintéressé, l'âme de son âme.

(1) Notes manuscrites de M. Chapron.

## V

Avec l'esprit de foi pour règle, la vie de M. Chapron se résume en deux mots : *Faire le bien*. « Je n'ai plus longtemps à vivre, » disait-il dans ces derniers temps, « il faut que je me hâte de faire tout le bien que je pourrai. » Le mercredi matin 19 novembre, il avait, selon sa coutume, entendu la messe, il était subitement frappé dans l'après-midi. Il était prêt, depuis plusieurs mois Dieu lui avait inspiré d'accroître ses mérites, en multipliant ses bonnes œuvres....

Ses funérailles furent un solennel et imposant hommage rendu par toutes les classes de la société à sa mémoire et à ses vertus...

M. Almire Chapron restera dans le souvenir des habitants de Saint-Calais et de tous ceux qui l'ont connu, le type accompli de l'homme de bien et le modèle du chrétien. Ses œuvres l'ont suivi au Tribunal de Dieu, mais ses exemples nous restent.

Le Mans. — Imprimerie Leguicheux et Cie, rue Marchande, 15.